QUELQUES NOTES

SUR

CERTAINS TYPES DE FIDÉICOMMIS

PAR

J. DECLAREUIL

PROFESSEUR A LA FACULTÉ DE DROIT

DE L'UNIVERSITÉ DE MONTPELLIER

Extrait des *MÉLANGES GÉRARDIN*.

LIBRAIRIE

DE LA SOCIÉTÉ DU RECUEIL J.-B. SIREY & DU JOURNAL DU PALAIS

Ancienne Maison L. LAROSE et FORCEL

22, rue Soufflot, PARIS, 5e arrdt

L. LAROSE & L. TENIN, Directeurs

—

1907

QUELQUES NOTES

SUR

CERTAINS TYPES DE FIDÉICOMMIS

I. — Le fidéicommis était à l'origine exclusivement une disposition au profit d'un tiers par personne interposée. Son but était : faire parvenir une libéralité à quelqu'un légalement incapable de la recevoir ou à qui l'on voulait épargner les formalités et les soucis qui accompagnent les situations juridiques un peu complexes. Les sénatus-consultes, rescrits ou décisions de la jurisprudence, qui, au cours du 1er siècle et au commencement du 11e, le rapprochèrent du legs et le soumirent à la plupart des règles et des restrictions propres à celui-ci, s'en tenaient à ce point de vue, et, du même coup, en exigeant la *factio testamenti* et de l'auteur du fidéicommis et de ceux qui le recueillaient, en écartant les *cælibes*, les *orbi*, les pérégrins, les *personæ incertæ*, naguère ses plus fréquents bénéficiaires, ne lui laissaient plus qu'un champ d'application singulièrement restreint.

Mais, vers le même temps, une fonction nouvelle, assez éloignée de l'usage que je viens de dire, se révéla pour les fidéicommis. Dans les textes qui motivent ces quelques observations, fort succinctes et dès lors incomplètes, la préoccupation est très différente : elle est qu'un bien ou un ensemble de biens soit transmis à un nombre plus ou moins grand de bénéficiaires successifs et viagers, selon des condi-

tions et des règles établies par le disposant. Il s'agit pour
celui-ci de créer, concernant ces biens, un genre de succession
spécial, ayant pour source sa volonté, non plus la loi. Ces
fidéicommis furent les prototypes des substitutions fidéicommissaires modernes.

II. — Il est possible que des dispositions analogues n'aient
pas été complètement inconnues de l'époque antérieure, mais
jamais avant le II° siècle, ni surtout avant le milieu de ce
siècle, les Romains n'en avaient fait un usage aussi marqué,
ni tiré un si grand parti. Il y en a des preuves multiples.

D'abord, cet usage, ce parti sont absolument en dehors de
l'horizon de la législation et de la doctrine jusqu'à ce mo-
ment-là. Ni le Trébellien qui suppose toujours une restitution
entre-vifs et accentue encore chez le fiduciaire le caractère
de pur agent de transmission, ni le Pégasien qui, en lui per-
mettant de retenir la *quarta legis Falcidiæ*, n'imagine pas
qu'en dehors d'elle, il puisse avoir un intérêt autre que moral
à accepter l'hérédité et à en exécuter les charges, ne sont
adaptés à la fonction plus récente du fidéicommis. Comme
les sénatus-consultes limitant la faculté de disposer ou de
recevoir par fidéicommis, ils n'ont en vue qu'une simple
interposition de personne.

Par contre tout rescrit se rapportant aux fidéicommis
seconde manière, tout ce travail de jurisprudence, ces ajou-
tés ou ces retouches de détail nécessaires dans les premiers
temps d'une institution pour l'interpréter, la compléter ou la
parfaire, sont postérieurs à cette époque : par exemple, la
cautio à fournir par un grevé en faveur des appelés subséquents et la *missio in possessionem* accordée à son défaut,
étrangères à l'Édit quand Julien le codifia et plus tard intro-
duites par la jurisprudence, en analogie avec la *cautio lega-
torum* et la *missio* correspondante; le droit du fiduciaire
sur les fruits des biens substitués; les conditions de validité
de l'interdiction d'aliéner inscrite dans les testaments ou
les codicilles, etc. [1].

(1) Papinien, *Dig.*, XXXI, 67, 6; 69, 4; Lenel, *Essai de reconstitution de*

L'examen de la littérature juridique fournie par le Digeste conduit aux mêmes conclusions. On ne trouve guère de renseignements, à plus forte raison de développements quelque peu étendus sur la matière, que dans les ouvrages écrits vers le milieu du siècle, et surtout postérieurs à Antonin le Pieux. Vénuléius peut-être, Marcellus certainement, s'en occupèrent; mais c'est sous le nom de Q. Cervidius Scævola que s'ouvre la série des fragments les plus importants pour se continuer sous ceux de Papinien, Ulpien, Marcien, moins souvent de Paul et de Modestin. Scævola semble avoir colligé le plus grand nombre de matériaux fournis par la pratique, Papinien avoir contribué avec le plus de clarté et de hardiesse au travail d'adaptation et de doctrine. C'est de lui que dépend presque toute l'œuvre législative, peu abondante du reste, jusqu'à Justinien.

À cette conception d'un testateur réglant la destinée de ses biens par delà les générations et de plusieurs bénéficiaires successifs d'une même chose qui ne la tiendraient pas l'un de l'autre, on ne se rangea peut-être pas tout de suite. Il fallut découvrir à quel degré le fidéicommis s'y prêtait. On s'y achemina par une double voie : 1° par les fidéicommis à terme et sous condition; on admit que le terme pourrait être la mort du fiduciaire, mais Celsus, sous Hadrien, ne pensant pas encore que ce délai pût profiter au fiduciaire, lui imposait même en ce cas la restitution des fruits. Néanmoins, on touchait au but. Sous Marc-Aurèle, les *Digesta* et le *Liber responsorum* de Marcellus nous présentent pêle-mêle des exemples de ces divers types ; 2° par l'emploi étendu ou détourné, en vue de la conservation de certains biens dans un groupe de personnes, de formules originairement destinées à assurer la perpétuité du tombeau familial et son affectation exclusive à ceux qu'avait voulus le disposant.

III. — Mais la découverte du procédé technique n'eût pas suffi. Les circonstances et l'ambiance y aidèrent. Cette ma-

---

l'*Édit perpétuel* (édit. franç.), II, pp. 98-99. — Celse, *Dig.*, XXXVI, 1, 32 ; Papinien, *Dig.*, XXXVI, 1, 57, pr.; 58, 2 à 7. — Marcien, *Dig.*, XXX, 114, 14.

nière de disposer se manifeste surtout là où des sentiments
très individualistes se mettent au service de vieilles et solides
traditions familiales, c'est-à-dire dans des milieux à tendances aristocratiques et terriennes. Ainsi au déclin de la féoda-
lité, quand la noblesse française prit figure nouvelle, les
substitutions fidéicommissaires furent, pour elle et la haute
bourgeoisie, un moyen de perpétuer et de maintenir l'éclat
de ce qu'on appelait les *bonnes familles*.

Au n⁰ siècle, les *bonnes familles* pullulaient dans Rome et
dans les provinces qui jamais n'avaient vu se constituer plus
de florissants domaines, ni s'ériger de plus riches villas. Une
aristocratie opulente, issue des fonctions publiques, à quoi ses
richesses l'appelaient, ou de la faveur impériale, parfois dotée
de possessions énormes, surtout par Trajan et ses successeurs ;
— au-dessous une bourgeoisie dont la prospérité était à son
comble : d'abord la classe équestre, engraissée par l'admi-
nistration et la finance, mariant ses filles dans la noblesse en
attendant de l'envahir ; puis les grandes familles municipales,
provinciaux ayant recouvré, avec le régime impérial, sécu-
rité, fortune et longs espoirs, vétérans ayant eu la sagesse de
faire souche, armateurs et pourvoyeurs de l'annone, vani-
teux descendants des écumeurs de biens nationaux formant,
à un siècle et demi de distance, le contingent le plus solide
du parti conservateur ; et de parti il n'y en avait point d'autre,
car tous ne songeaient qu'à perpétuer leur bonheur avec leur
lignée, ayant le sentiment de la stabilité enfin acquise et d'un
état social établi sur des fondements éternels ; tel est en ré-
sumé le tableau des classes dirigeantes et privilégiées, —
privilégiées diversement dans l'ordre public ou politique,
mais nullement dans la sphère du droit privé où elles ne
rencontraient aucun moyen, à moins qu'elles le créassent, de
maintenir leurs richesses et d'en perpétuer la durée.

En même temps, on avait vaguement conscience que les
coins se disjoignaient du vieux cadre romain où jadis auraient
été contenus et satisfaits ces instincts et ces appétences. En
portant arbitrairement atteinte à l'autorité du chef de fa-

mille, en en réprimant soi-disant les écarts, des empereurs
humanitaires avaient ébranlé du même coup toute l'institution familiale. La nécessité de consentir dans certains cas au
mariage des enfants en puissance et de doter les filles, la
capacité chaque jour plus étendue des fils de famille, le
peculium castrense, les émancipations plus fréquentes et parfois imposées, le ridicule dans lequel agonisait la tutelle des
femmes, les liens du patronat devenus si ténus qu'ils mena-
çaient de laisser s'effondrer les derniers restes de l'antique
clientèle, agissaient dans le même sens individualiste. Enfin,
la règle essentielle qui voulait que le *paterfamilias* com-
posât seul sa famille à son gré, avait reçu un échec définitif
de deux S.-C. du règne d'Hadrien et s'était évanouie. L'unité
de la famille qui gîtait dans cette volonté unique du chef,
était menacée, la solidarité entre ses membres sur le point
de se dissoudre, tandis que les distinctions sociales accordées
sous des formes et des prétextes divers aux affranchis, rui-
naient au moins moralement l'*obsequium* et le prestige patro-
nal. La liberté testamentaire très grande, malgré des restrictions déjà anciennes, se faisait la complice des mœurs nouvelles, et de son fait autant que d'une jurisprudence libérée
des traditions, le centre visible et sacré de ces groupements
et de ces solidarités antiques, le tombeau de famille, arraché
à sa destinée immuable, demeurait exposé à d'imprévues
aventures.

Cependant le vieil esprit romain n'était pas mort dans
toutes les âmes : beaucoup même parmi les chefs des maisons les plus récentes ne se résignaient pas à voir, dans l'Empire, l'aire où des vents capricieux agiteraient désormais les
poussières du monde. Beaucoup se montraient d'autant plus
attachés à ce qui était jadis la force et l'éclat des familles
romaines qu'ils en jouissaient depuis moins de temps. N'al-
laient-ils pas être tentés de réagir contre ces ruines immi-
nentes, et quel meilleur moyen que de tâcher de rendre à
cette volonté du chef en durée la puissance qu'on lui mesu-
rait en intensité? Projeter en quelque sorte dans le futur un

ensemble de biens qui empêcheraient de devenir trop étrangers les uns aux autres ceux appelés à en jouir ensemble ou successivement, perpétuer dans un ordre choisi le bien-être, l'influence et le décor attachés à ces richesses, n'était-ce pas réagir contre les tendances dissolvantes de l'heure, et, à la fois, donner carrière aux penchants de haut individualisme de qui voulait cela et, par sa décision spontanée, le réalisait? Par là, les testateurs s'efforceraient : 1° ou bien de conserver tout ou partie de leur patrimoine dans le cercle entendu d'une façon plus ou moins large de leur parenté; 2° ou bien de grouper autour de ces biens une *familia* plus ou moins nombreuse d'affranchis qui perpétueraient le souvenir de leur nom et de leurs bienfaits, veilleraient à l'entretien de leur tombeau et procureraient une clientèle plus stable, plus unie et toujours disponible, à leurs descendants. Ainsi se trouveraient reconstituées, tant bien que mal, et pour un temps, les institutions en voie de périr; ainsi seraient satisfaits des sentiments en apparence contradictoires, si la jurisprudence ou la loi ne venaient pas en travers.

IV. — A la vérité il semble qu'elles aient hésité quelque peu. Elles étaient de leur temps et l'avaient fait ce qu'il était. Ces nouveautés au profit de vieilles choses allaient peut-être à rebours de leur action. Mais les intellectuels couronnés dont les règnes remplirent le milieu du siècle, ne se guidaient pas d'après une logique tout unie. Parfois ces substitutions fidéicommissaires correspondaient à des façons de voir très modernes. Que l'une d'elles parût inspirée par l'affection, surtout transportée en dehors de la famille agnatique, ou par cette bienveillance un peu vague, de mode dans les milieux philosophiques et princiers, elle émouvait la sensibilité dont on y faisait parade, et, fût-elle de validité douteuse, elle ne manquait d'être approuvée. « L'Empereur Marcus, dit Papinien, tint pour un fidéicommis, la déclaration d'un testateur qu'il ne doutait pas que tout ce que sa femme recueillerait, elle le restituerait à leurs enfants. Rescrit fort utile : car, par là, ni la félicité d'une union sans nuage, ni la confiance réci-

proque que font naître des enfants communs, n'induisirent
le père en erreur quand il avait mieux présumé de la mère ;
c'est ce qui fit décider à notre prince très prévoyant et res-
pectueux du droit qu'à défaut des termes le fidéicommis serait
inféré du contexte[1] ». La sensibilité prise pour guide, toutes
ces dispositions devaient être acceptées, qu'elles profitassent
à la parenté ou à la *familia libertorum* à l'égard de laquelle
elles prenaient aisément tournure d'œuvres de bienfaisance
ou de fondations pieuses. Les Sévères entrèrent plus aisément
encore dans les sentiments qui inspiraient ces substitutions.
Déjà se dessinait la révolution qui devait figer la société du
Bas-Empire dans des cadres immuables. Leurs réformes mi-
litaires montraient que ces empereurs n'étaient point hostiles
à ce mouvement. Ils accueillaient favorablement tout ce qui
semblait s'opposer à la dissolution sociale ou seulement l'en-
diguer. Pour des motifs opposés à ceux de leurs prédéces-
seurs, ils approuvèrent et aidèrent peut-être, dans une mesure
incertaine, la pratique désormais acquise à ces fidéicommis.

Mais ceux-ci ne furent l'objet d'aucune législation spéciale.
Il fallut les aménager avec les règles faites en vue des fidéicommis primitifs dont on les tint pour un développement ou
un cas particulier. Il en résulta un instrument juridique mé-
diocre, peu idoine au but à atteindre, très inférieur à coup
sûr aux substitutions fidéicommissaires de notre ancienne
jurisprudence. « Le grevé, dit Pothier, est personnellement
débiteur conditionnel des biens et choses substitués sous la
condition qui doit donner ouverture à la substitution..., (mais)
le droit de propriété qu'il a avant l'ouverture, est un droit
qui doit se résoudre de plein droit au profit du substitué par
l'ouverture de la restitution ». Dans le droit romain classi-
que, le premier terme de cette formule est vrai : le fiduciaire
est débiteur des biens compris dans le fidéicommis ; le fidéicommissaire a une action personnelle, transmissible à ses
héritiers comme élément de son patrimoine[2]. Son droit est

(1) Papinien, *Dig.*, XXXI, 67, 10.
(2) Papinien, *Dig.*, XXXI, 67, pr.; 78, 3; Ulpien, *Dig.*, XXXI, 24.

même supérieur à celui du substitué français qui, avant
l'ouverture de la substitution, « n'a aucun droit formé par
rapport au bien substitué, mais une simple espérance[1] ».
Par contre, même après l'ouverture de la substitution, il reste
créancier, le droit de propriété du fiduciaire n'est pas résolu-
ble de plein droit. Le droit romain ne connaît pas la propriété
ad tempus. Le grevé, étant propriétaire d'une façon absolue,
peut disposer valablement des biens substitués sans que les appelés subséquents aient d'autre recours qu'une action personnelle contre sa succession. Le fidéicommis est soumis ainsi à
un formidable aléa[2]; il dépend en grande partie du caprice
du fiduciaire. La jurisprudence de la fin du IIe siècle s'efforça
d'atténuer dans la mesure du possible cette grave imperfection.

Comme les fidéicommis donnaient lieu non pas à un procès
ordinaire *per formulam*, mais à une *cognitio extraordinaria*,
le magistrat prit l'initiative, en cas d'aliénation par le grevé,
d'accorder au fidéicommissaire une *missio in possessionem
rei fideicommissæ* contre les acquéreurs de mauvaise foi, je
veux dire ayant connu, au jour de l'acquisition, l'existence
du fidéicommis[3]. Mais il semble bien que cette *missio* ne fût
accordée qu'à l'encontre des acquéreurs par actes entre-vifs,
et non contre les légataires ou fidéicommissaires du grevé[4].
Quant aux héritiers institués et aux autres successeurs à titre
universel du fiduciaire, ils étaient grevés tout naturellement
au même titre et dans la même mesure que lui-même[5].
Les choses en restèrent là jusqu'à Justinien qui abrogea ce
qu'il appelle cette *tenebrosissimus error* de la *missio in rem*,
après qu'il eut investi légataires et fidéicommissaires des trois
actions que l'on sait[6]. Dès lors, comme les appelés succes-

(1) Pothier, *Traité des substitutions*, sect. V, art. 2 et 3.
(2) Paul, *Sent.*, IV, 1, 17, 18; Scævola, *Dig.*, XXXI, 89, 7; XXXII, 38, pr.
(3) Gaius, II, 278; Paul, *Sent.*, IV, 1, 15; Scævola, *Dig.*, XXXI, 89, 7;
XXXII, 38, pr.; Papinien, *Dig.*, XXXI, 69, 3.
(4) Papinien, *Dig.*, XXXI, 67, 3, 4, 5.
(5) Papinien, XXXI, 67, 4; 69, 1, 3.
(6) Justinien, *C.* VI, 43, 3, 2; *Inst.*, II, 20, 3.

sifs étaient tous censés tenir leurs droits du premier disposant
et que ces droits comportaient sur les choses corporelles un
droit de propriété et une hypothèque sous condition suspen-
sive, les aliénations consenties par les fiduciaires précédents
ne leur étaient plus opposables : ils avaient contre les tiers
acquéreurs un droit de suite et de revendication[1]. Après
quelques légères retouches, ce sera le système de nos anciennes substitutions.

Mais, même sous Justinien, le fiduciaire put retenir la
quarte[2]. Ce prince abrogea le S.-C. Pégasien, mais en répu-
tant ses dispositions concernant la quarte écrites dans le Trébellien : il ne fit d'exception que pour les fidéicommis faits
dans la forme d'une interdiction d'aliéner[3].

Au reste, plus ou moins bien conçus, ces sortes de fidéicommis ne laissèrent pas d'avoir un rôle considérable dans
les habitudes romaines à partir du IIe siècle. Notez que, dans
les fragments insérés aux livres XXX à XXXVI du Digeste,
ce genre de dispositions est aussi souvent mentionné que les
legs et sans comparaison bien plus que les fidéicommis
ordinaires. Les espèces concrètes qu'on rencontre dans ces
titres s'y réfèrent en grande partie. Le Code, quoique moins
riche, maintient cette proportion. Mais il suffit de se repor-
ter à la législation de Justinien pour voir quelle place les
restitutiones tiennent dans la pratique byzantine. Parmi ces
constitutions, la Novelle CLIX où est reproduit presque inté-
gralement le testament d'un personnage de grande famille
nous édifie particulièrement sur l'attrait qu'exercent, dans ce
milieu, les fidéicommis de famille et sur le parti qu'on en tire.
A quoi il n'est rien d'étonnant, la société byzantine étant de
celles où sont toujours sûres de fleurir les institutions qui
permettent aux vieilles familles de se maintenir, et à celles

(1) Justinien, C. VI, 43, 1 et 2; *Nov.* 108, cap. 1.
(2) Gordien, C., VI, 50, 8 et 10; Philippe, C., VI, 12, 12; Zénon, C., VI,
49, 6; Justinien, *Inst.*, II, 20, 7; *Nov.* 108.
(3) Justinien, *Nov.* 119, cap. 11.

nouvellement arrivées de se consolider ou de s'établir : société très hiérarchisée, très aristocratique, mais où l'aristocratie n'a d'assise ferme et de protection que dans la richesse.

V. — Presque simultanément deux types de substitutions
fidéicommissaires apparaissent dans les textes et se partagent
en quelque sorte la faveur des disposants : 1° le fidéicommis
restituable *post mortem heredis*[1]; 2° l'interdiction d'aliéner certains biens héréditaires ou ce qui est une formule très
voisine et parfois d'effets identiques, la défense de les aliéner en dehors de la famille ou du nom.

Le premier de ces types se présentait tout naturellement à
l'esprit, n'étant en somme qu'un fidéicommis à terme ; mais
le second ne fut pas non plus une complète innovation, il
dériva d'une pratique antérieure, mais jusque là cantonnée
dans un domaine spécial. L'un et l'autre eurent une égale
fortune, profitèrent aux mêmes bénéficiaires, les parents et
les affranchis. Bien que légalement rien n'empêchât de les
adresser à d'autres, de telles dispositions en faveur d'étrangers étaient rares. Non pas à raison de leur nature intrinsè-
que, mais par l'usage concret qu'on en fit, ils correspondirent
à des sentiments un peu différents : le premier satisfaisait
surtout la bienveillance que le disposant éprouvait pour ses
proches, ceux qui l'entouraient, qu'il avait plus ou moins
aimés, connus ou espérés ; le second se plia davantage à la
volonté de conserver certains biens, des immeubles spéciale-
ment, aux mains de générations plus ou moins nombreuses,
souvent jusqu'à l'extinction de la race ou du groupe.

VI. — Bien que le fidéicommis restituable *post mortem* pût
être particulier et avoir pour objet une somme d'argent, des
meubles : esclaves, vêtements, bijoux, ou un immeuble [2],
presque toutes les formules qui nous ont été conservées
contiennent des fidéicommis d'hérédité ou d'une quote-

---

(1) Gaius, II, 277.

(2) Scæv., *Dig.* XXXI, 88, 12; XXXII, 41, 10; XXXIII, 2, 39; XXXIV, 15
et 16; Mod., *Dig.*, XXXI, 34, 7.

part d'hérédité [1]. Parfois le fiduciaire est chargé de resti-
tuer tout ce qui lui sera parvenu, tout ce qu'il aura acquis
par la succession du disposant [2]; plus rarement ce qui lui
restera de cette succession au jour de sa mort; dans ce dernier cas, Marc-Aurèle décidait que le montant de la restitution serait déterminé selon l'estimation d'un *bonus vir*. Mais
cela ne faisait pas perdre au fidéicommis son caractère universel [3].

Par là, à une époque de très grande liberté testamentaire,
les testateurs peu confiants dans les sentiments traditionna-
listes de leurs héritiers s'efforçaient d'empêcher l'émiette-
ment des biens. Ils évitaient aussi leur passage au moins
pour quelque temps dans des mains étrangères, les réservant
à un cercle familial aussi peu étendu que possible. Dans cette
disposition : *Peto de te, uxor carissima, uti, cum morieris, he-*
reditatem meam restituas filiis meis vel uni eorum, vel nepoti-
bus meis, vel cui volueris, vel cognatis meis vel cui voles ex
tota cognatione mea, chaque catégorie de substitués apparaît
comme un pis aller par rapport à la précédente [4]. Dans les
actes de la pratique sur lesquels raisonnent ou discutent les
jurisconsultes, le fidéicommis est adressé, par exemple, à des
petits-enfants du testateur par l'intermédiaire du père et
de la mère [5], à des enfants par l'intermédiaire du conjoint
survivant [6] ou de leur frère ou sœur (les enfants sont très
fréquemment substitués les uns aux autres [7]), à des neveux

(1) *Sic*, Scæv., *Dig.*, XXXII, 41, 12, XXXVI, 1, 78, 7; Pap., *Dig.*, XXXI,
77, 4; XXXVI, 2, 57. 2; Marcel., *Dig.*, XXX, 123, pr.

(2) *Sic*, Scæv., *Dig.*, XXXVI, 3, 18, pr.; Pap., *Dig.*, XXXI, 67, 10; Mod.,
Dig., XXXII, 83.

(3) Pap., *Dig.*, XXXVI, 1, 54.

(4) Paul, *Dig.*, XXXVI, 1, 57, 2; XXXI, 77, 32.

(5) Scæv., *Dig.*, XXXI, 89, 6; Pap., *Dig.*, XXXI, 76, 5; 77, 4; Ulp., *Dig.*,
XXXII, 11, 9.

(6) Scæv., *Dig.*, XXXIV, 2, 16; XXXVI, 1, 78, 9 et 10; Mod., *Dig.*,
XXXI, 34, 7.

(7) Jul., *Dig.*, XXXVI, 1, 25, 2; Marcel., *Dig.*, XXXI, 123, Scæv., *Dig.*,
XXXVI, 1, 62, pr.

par l'intermédiaire d'oncles ou de tantes et réciproque-
ment [1], à des collatéraux par l'intermédiaire de parents plus
proches [2].

Quand le cercle de la famille est franchi, ce n'est guère
qu'au profit d'affranchis ou de gens de condition sociale analogue vivant dans l'entourage immédiat du disposant et des
siens : une nourrice, une sœur de lait, un *alumnus* ou une
alumna [3]; ou encore en faveur d'une cité. On sait l'affection
que les hommes de ce temps-là nourrissaient pour leur
petite patrie et leur générosité quelquefois sans borne à son
égard [4].

Ce désir de retenir la fortune dans la parenté la plus rap-
prochée éclate dans la condition à laquelle la plupart de ces
fidéicommis sont soumis : *si sine liberis decesserit*. Ce n'est
qu'à défaut d'enfants du grevé que la restitution aura lieu.
Or, comme le plus souvent le grevé est un descendant du
disposant, c'est à sa propre postérité que pense celui-ci. De
cela témoignent, depuis Julien, les ouvrages de tous les Prudents ayant écrit sur la matière [5]. La clause devint vite de
style, elle finit par être sous-entendue. Dès le temps d'Antonin le Pieux, le silence du testateur fut interprété dans ce
sens. Justinien, qui légifère encore sur ce point, rapporte à
Papinien le triomphe de cette doctrine : tout fidéicommis *post
mortem* à la charge d'un descendant ne vaut que si celui-ci

---

(1) Scæv., *Dig.*, XXXII, 38, 8; 41, 10; XXXVI, 3, 18, pr.

(2) Scæv., *Dig.*, XXXII, 38, pr.; Pap., *Dig.*, XXXVI, 77, 32.

(3) Scæv., *Dig.*, XXXII, 38, pr. 4; XXXIII, 2, 33, 1 et 2; 34, pr.; XXXIV,
4, 30, 1; Pap., *Dig.*, XXXVI, 1, 54; XXXI, 77, 32; Paul, *Dig.*, XXXVI,
1, 57, 1.

(4) Voy. J. Declareuil, *Quelques problèmes d'hist. des inst. municipales
au temps de l'Emp. rom.* Nouv. Rev. hist. du dr. fr. et étr., 1901, p. 266.
— Pap., *Dig.*, XXXVI, 1, 57, 1.

(5) Jul., *Dig.*, XXXVI, 1, 25, 2; Scæv., *Dig.*, XXXI, 88, 9; XXXVI, 1, 62,
pr.; 78, 5; Marcel., *Dig.*, XXX, 123, pr.; Pap., *Dig.*, XXXVI, I, 57, 1; Paul,
Dig., XXXII, 27, 1; Ulp., *Dig.*, XXXVI, 1, 17, 4, 9; Diocl. et Max., *C.* VI,
42, 21; Zénon, *C.*, VI, 49, 6; Just., *Nov.*, 108, pr. 1. — Cpr. Phil., *C.* III,
41, 7.

sine sobole vitam suam reliquerit, car on ne peut supposer
que le testateur ait préféré *alienas successiones propriis* [1].

Au reste, par *soboles, liberi,* on entendait, à moins d'indica-
tion contraire, n'importe quel descendant, sans distinction
de degrés, de sexes, ni de lignes masculine ou féminine.
L'existence d'un descendant émancipé, ou simplement conçu,
même d'un enfant naturel (sauf volonté opposée du disposant) suffisait à écarter la substitution [2].

La préoccupation de la famille agnatique, le nom même
d'agnats sont absents de tous ces textes. *Cognati, propinqui*
servent à y désigner les collatéraux [3]. En dépit de la loi, et
même en avance sur l'Édit, l'opinion publique ne distingue
plus entre les deux sortes de parenté. A l'arbitraire de la
vieille coutume, le lien du sang et l'affection plus ou moins
vive selon le degré déterminent seuls la parenté, passé
les limites de la *domus;* et cela ne doit pas surprendre. Ce
trait des mœurs d'alors, révélé ici par les documents juridiques, est conforme aux idées morales et à la philosophie
humanitaire qui l'emportaient depuis Sénèque. Toute la littérature contemporaine nous le laisse apercevoir. Ni la bonté,
ni la bienveillance, ni les sentiments affectueux, soumis à une
mesure qui les entourait d'élégance et les rendait inoffensifs
à l'égard des règles sociales, n'avaient jamais été étrangers
aux civilisations antiques; mais, au II⁰ siècle, sous des in-
fluences diverses, ils s'exacerbèrent dans certaines âmes qui
subirent une crise analogue à celle provoquée, dans notre
XVIII⁰ siècle, par les déclamations de Rousseau. Cela eut son
contre-coup sur les institutions juridiques. Il semble que la
forme de fidéicommis *post mortem* dont je parle ait surtout
donné satisfaction à cette explosion d'affection et de tendresse
pour les proches, pour tous ceux avec qui l'on vivait, dont on

(1) Pap., *Dig.,* XXXV, 1, 102 ; Ulp., *Dig.,* XXXVI, 1, 17, 8; Justinien, *C.*
VI, 42, 30. — Cpr. Scæv., *Dig.,* XXXI, 88, 6.

(2) Scaev., *Dig.,* XXXVI, 1, 77, 1; Ulp., *Dig.,* XXXVI, 1, 17, 4 et 5 ; Sev.
et Ant., *C.* VI, 46, 1.

(3) Pap., *Dig.,* XXXI, 77, 32 ; Paul, *Dig.,* XXXVI, 1, 57, 2.

partageait les joies et les peines, sans qu'on se demandât si les lois distinguaient entre eux.

Ce qui prouve que ce type de fidéicommis fut inspiré plus par la sentimentalité présente que par des prévisions lointaines, c'est que dans aucun texte cette substitution fidéicommissaire ne comporte plus d'un degré. Rien n'empêchait d'agir autrement et pourtant le testateur est toujours satisfait lorsqu'il croit avoir assuré en mourant le bien-être et la fortune de ceux qu'il a connus, aimés ou pressentis.

Une ou deux fois cependant la pensée se relève et on croirait que le fidéicommis va servir à constituer, au profit du fiduciaire, une sorte de pouvoir disciplinaire en lui attribuant le droit de répartir le contenu du fidéicommis selon le mérite ou le démérite des fidéicommissaires et étayer ainsi l'ordre familial ébranlé. Mais la jurisprudence souffle sur ce beau zèle; le grevé n'appréciera pas souverainement, sa décision pourra être soumise à l'*arbitrium boni viri*[1].

Je n'insisterai pas, cherchant à indiquer plutôt le rôle social de ces fidéicommis que le détail des règles juridiques, sur le travail de jurisprudence que nécessita, pendant toute la seconde partie du IIᵉ siècle, l'adaptation d'une institution à un but auquel on n'avait pas d'abord songé. Qui en aurait le loisir le reconstituerait aisément. Quelques détails restèrent flottants jusqu'au Bas-Empire; mais tout l'important était acquis déjà sous les Sévères, époque à laquelle on se montra de plus en plus favorable à ce genre de dispositions.

VII. — Le second type de fidéicommis dont je veuille parler ici se présente soit sous la forme d'une interdiction d'aliéner, soit sous celle d'une défense de laisser sortir de la famille ou du nom certains biens. Ces deux formules ont le même sens, la même portée; aussi les trouve-t-on très souvent accouplées l'une à l'autre : *fideicommisit : « ne fundum (heres) alienaret et ut in familia relinqueret ou ne de familia*

---

(1) Gaius, *Dig.*, XXXIV, 5, 7, 1; Scæv., *Dig.*, XXXI, 88, 16; Pap., *Dig.* XXXI, 77, 25; Ulp., *Dig.*, XXXII, 11, 7.

exeat ». Parfois on rencontre des formules plus complexes : *Pater filium heredem prædia alienare, seu pignori ponere prohibuerat, sed conservari liberis ex justis nuptiis et cæteris cognatis fideicommisit;* ou bien encore : Βούλομαι δὲ τὰς ἐμὰς οἰκίας μὴ πωλεῖσθαι ὑπὸ τῶν κληρονόμων μου, μηδὲ ἐκνείζεσθαι κατ' αὐτῶν, ἀλλὰ μένειν αὐτὰς ἀκεράκας αὐτοῖς, καὶ υἱοῖς, καὶ ἐκγόνοις, εἰς τὸν ἅπαντα χρόνον. Ἐὰν δὲ τις βουληθῇ αὐτῶν πωλῆσαι τὸ μέρος αὐτοῦ, ἢ ἐκνείσκεσθαι κατ' αὐτοῦ, ἐ. ωείαν ἐχέτω πωλῆσαι τῷ συγκληρονόμῳ αὐτοῦ, καὶ ἐκνείζεσθαι παρ' αὐτοῦ, ἐὰν δέ τις παρὰ ταῦτα ποιήσῃ, ἔσται τὸ χρηματιξόμενον ἄχρηστον καὶ ἄκυρον [1].

Bien que ces formules n'apparaissent dans la littérature du Digeste qu'à partir de Julien [2], elles n'étaient pas nouvelles. L'épigraphie funéraire les reproduit abondamment dans la partie occidentale de l'Empire et dans quelques parties de l'Asie mineure [3]. Elles se rapportaient d'abord exclusivement au tombeau et à ses dépendances. Ces interdictions qui s'expliquent mal, étant donné la nature *extra commercium* du *locus religiosus*, devaient être interprétées soit dans le sens d'une défense de transmettre le droit au tombeau à l'*heres extraneus*, soit dans celui d'une défense d'aliéner ou d'étendre le *jus inferendi* qui, lui, pouvait être l'objet d'un transfert entre-vifs, d'un legs ou même de la *prescriptio longi temporis* [4]. Mais l'intérêt de telles dispositions est très apparent en ce qui concerne les dépendances du tombeau qui n'avaient pas le caractère de *loci religiosi :* les *prædia* dont les revenus étaient destinés à l'entretien du monument et aux frais des sacrifices; les *prædia* et les maisons affectés à l'entretien et au logement des affranchis préposés à la *tutela sepulcri* [5].

(1) Marcel., *Dig.*, XXX, 114, 15; Scæv., *Dig.*, XXXI, 88, 6 et 15; XXXII, 38, pr.; Pap., *Dig.*, XXXI, 77, 13.

(2) Jul. ap. Val., *Dig.*, XXXII, 94.

(3) Merkel, *Ueber die sogenannten Sepulcralmulten* (Festgabe für R. von Ihering), p. 86.

(4) Merkel, *loc. cit.* — Diocl. et Max., C. VI, 37, 14; Alex., C. III, 44, 6. — C. I. L., VI, 22083 : *ne at exterum perveniat*.

(5) C. I. L., III, 656; V, 4057, 5877.

Elles n'étaient au reste le plus souvent que des clauses du testament reproduites par le lapicide[1].

Cette partie des dernières volontés d'un mort était naturellement adressée soit à ses héritiers, gardiens et propriétaires du sépulcre, soit à ses affranchis institués, ou tout au moins légataires de l'espèce de manse affectée à la *cura sepulcri*. Comme le tombeau avait été construit pour durer toujours, son auteur pourvoyait à sa pérennité en obligeant les générations successives à se transmettre, intacte, cette manse et ses charges. Le fidéicommis était donc fait *in infinitum*, à perpétuité[2].

La violation par un quelconque des grevés successifs des règles auxquelles le fidéicommis était soumis, était sanctionnée par le disposant au moyen d'amendes en faveur du fisc, d'un collège sacerdotal, d'une cité, etc., ou encore de la dévolution à un tiers, en général, une de ces collectivités, des biens substitués[3]. Le souci, le respect du tombeau familial inspirait et légitimait tout cela.

La hardiesse fut d'insérer, dans des dispositions de dernière volonté, ces clauses d'inaliénabilité, de conservation indéfinie dans la *familia* ou le *nomen*, indépendamment de toute préoccupation sépulcrale et d'utiliser toute cette petite économie juridique, non plus en la faveur des générations passées, hôtesses de la tombe, mais au plus grand profit des générations à venir. Les biens frappés de substitutions fidéicommissaires ne le furent plus toujours pour perpétuer la demeure et les sacrifices dus aux morts, ils le furent aussi en vue de préparer une vie plus agréable et plus brillante à ceux qui devaient naître dans la lignée de ces morts.

Mais, de cette origine, les fidéicommis de famille gardè-

(1) C. I. L., V, 1037; *Testamentum Dasumii*, lig. 90 seqq; *Testamentum Galii cujusdam civis romani* (Bruns, *Fontes*, p. 293, 208); Scævr., *Dig.*, XXXII, 38, 4; XXXIII, 1, 34, pr.

(2) C. I. L., VI, 9485, 10915, 22083.

(3) C. I. L., V, 970, 1037; VI, 10219, 10682 seqq., 13152 seqq., 13385, 14930, 16640 seqq.; X, 3750, 6706.

rent un certain nombre de particularités qui les distinguè-
rent, en fait, des simples restitutions *post mortem*.

Bien qu'il n'y eût à ceci rien d'illégal, au contraire, et que
le fait se soit quelquefois rencontré[1], il était infiniment rare
que ces fidéicommis fussent constitués pour d'autres que les
parents et les affranchis.

En premier lieu, les descendants en qui se peut perpétuer,
avec le sang, l'éclat du nom et de la race, mais, à leur défaut, aussi parfois les *cognati*[2]; aucune limitation de la part
des disposants à la famille agnatique. Cependant, en cas de
silence de leur part, la formule *ne exeat de familia* limitait
quelque peu la faculté d'interprétation des Prudents. La *familia*, au sens juridique, c'étaient encore les agnats[3]; elle
se révélait par le nom commun à tous ses membres. C'est à
ce nom que Modestin s'attache pour définir ce qu'on doit en-
tendre par *familia* dans les fidéicommis de famille. La masse
des cognats se trouvait ainsi écartée, mais le nom avait l'a-
vantage d'embrasser les émancipés, rappelés à la succession
depuis déjà longtemps par l'Édit. A plus forte raison englo-
bait-il les exhérédés[4]. Mais dès que le fidéicommis, se bor-
nant à la seule défense d'aliéner, ne contenait plus ces ex-
pressions de *familia* ou de *nomen*, on pouvait admettre que
la volonté du disposant était satisfaite si la restitution béné-
ficiait à un descendant quelconque[5]. Postérieurement la
jurisprudence paraît s'être montrée plus large, pour aboutir
avec Justinien à voir dans la *familia* l'équivalent des *propinqui*, auxquels ce prince ajoute le gendre et la bru sans enfants après la mort de leur conjoint[6].

A l'époque ancienne, les affranchis faisaient aussi partie

(1) C. I. L. III, 656 : vicani. — Marcien, *Dig.*, XXX, 114, 14.
(2) Scæv., *Dig.*, XXXII, 38, pr., 4.
(3) Ulp., *Dig.*, L, 16, 195, 2.
(4) Mod., *Dig.*, XXXI, 32, 6; Pap., *Dig.*, XXXI, 69, 4; Marcien, *Dig.*, XXX,
114, 15, 16, 18.
(5) Scæv., *Dig.*, XXXII, 38, 4; Alex., *C.* VI, 42, 4.
(6) Alex., *C.* VI, 42, 4; Justinien, *C.* VI, 38, 5.

de la *familia* dans le sens large. Modestin est encore obligé de dire qu'ils ne sont pas compris parmi les *posteri*[1]. Le Digeste, quand il s'agit d'eux, emploie plus volontiers le mot *nomen* et la formule *ne de nomine meo* ou *de nomine familiæ meæ exeat*. Beaucoup d'inscriptions retiennent l'expression *familia*[2]. Comme à côté de fidéicommis adressés à quelques affranchis et à leur postérité, il en est beaucoup qui le sont à la totalité des affranchis des deux sexes et à leurs descendants, les jurisconsultes ont été amenés en principe à embrasser dans le *nomen* d'abord tous ceux qui au jour de l'ouverture de l'hérédité ou plus tard porteraient le nom du testateur, mais, par une interprétation large, ils ont parfois admis ceux affranchis par les héritiers en vertu d'un fidéicommis ou les descendants d'une *liberta*[3]. Ainsi les grandes familles maintenaient et dotaient les *familiae libertorum* destinées à répandre le nom et la réputation de la *domus* — réserves d'influence et de force pour ceux à qui les liait la reconnaissance.

Comme on ne consacrait à l'entretien du tombeau et de ceux qui en avaient soin que certains biens déterminés, un ou plusieurs immeubles, les fidéicommis de famille dont la formule nous a été conservée, n'ont jamais d'autres objets, *fundi, praedia, tabernæ, domus*, etc. Dans une Constitution de 532, Justinien ne conçoit pas que l'interdiction d'aliéner ait pu s'appliquer, jusqu'à lui, à d'autres choses[4]. Jamais il n'est question ici d'hérédité totale ou particlle. Les immeubles, souvent considérables, se prêtaient mieux que le bloc

---

(1) Ulp., *Dig.*, L. 16, 195, 1; Mod., *Dig.*, XXXII, 83, 1.

(2) C. I. L., III. 056; V, 4037; X, 8313; XIV, 3031.

(3) Scæv., *Dig.*, XXXII, 38, 1; Pap., *Dig.*, XXXI, 67, 7; 77, 11 et 28; Paul, *Sent.*, II, 1, 16.

(4) Scæv., *Dig.*, XXXI, 88. 6, 14; XXXII, 38, 1 à 3; 41, 14; XXXIII, 1, 18, pr.; 2, 34, pr. et 1; XXXV, 1, 108; Val., *Dig.*, XXXII, 94; Pap., *Dig.*, XXXI, 67, 7; 77, 11, 13, 15, 27; 87, 2; Ulp., *Dig.*, XXXI, 24; Marcien, *Dig.*, XXX, 114, 14 seqq.; Justinien, *Nov.* 149, et C. VI, 38, 5. Cfr. C. IV, 51, 7.

complexe et toujours mouvant d'un patrimoine à la pérennité désirée.

Car, à l'opposé des fidéicommis simplement restituables
post mortem, les fidéicommis de famille ont conservé de leur
type originaire qu'ils sont, sinon toujours, la plupart du
temps perpétuels. Parfois la pensée de leurs auteurs est ex-
pressément indiquée : *usque ad ultimum perveniat;* — *ita
ut ad novissimum pertineat;* — ou mieux : εἰς τὸν ἅπαντα
χρόνον [1]. Dans les autres cas, l'absolu des formules em-
ployées comportait ce sens, qu'avait d'ailleurs imposé l'éter-
nité de la tombe.

La mort du grevé ou la violation par lui de la volonté du
testateur donnant lieu à l'ouverture de la substitution, le
plus proche en degré ou les plus proches étaient appelés et
recevaient le fidéicommis sous la seule condition de fournir
la *cautio, se familiæ fideicommissum restiturum esse* [2].

Mais de bonne heure, on s'efforça d'écarter dans le plus de
cas possibles cette perpétuité du fidéicommis. Sans oser con-
tredire clairement à la volonté des morts, les jurisconsultes
n'étaient pas sans quelque défiance à l'égard de cette espèce
de mainmorte. Il se forma sur ce point, de Julien et Scævola
jusqu'à Modestin, toute une jurisprudence restrictive.

Tantôt le testament ou le codicille n'obligeait le fiduciaire
qu'à ne pas aliéner; on pensait alors qu'il suffisait que celui-
ci laissât l'objet du fidéicommis dans sa succession pour que la
disposition testamentaire ou codicillaire fût épuisée. Un rescrit de Sévère et de Caracalla finit par déclarer nulle, comme
équivalente à un simple conseil, l'interdiction d'aliéner, sans
que le motif ni les bénéficiaires fussent indiqués. Au reste,
ces bénéficiaires pouvaient être les descendants, les affranchis,
les héritiers ou toutes autres personnes. Tantôt l'acte créa-
teur du fidéicommis interdisait d'aliéner hors de la famille ou

---

(1) Ci-dessus, p. 149.
(2) Pap., *Dig.,* XXXI, 67, 6; 69, 3; Ulp., *Dig.,* XXXI, 24; XXXIV, 4,
3, 4.

du nom ; on le tenait alors pour ayant produit tout son effet, si le fiduciaire, soit de son vivant, soit à sa mort, avait transmis les biens substitués d'une manière quelconque à l'un des membres du groupe [1]. Tantôt le fiduciaire avait reçu le droit d'élire parmi les membres de ce groupe celui à qui il restituerait ; cela fait, on déclarait la substitution éteinte et l'élu censé tenir ses droits directement du premier disposant [2]. Il est vrai que l'absence d'*electio* ouvrait la *petitio fidéicommissaria* à tous les fidéicommissaires de même rang qui partageaient par parts viriles, sous la seule condition de garantir par une *cautio* les restitutions futures [3]. Enfin Modestin, qui reproduit évidemment quelque rescrit, limite la durée du fidéicommis, à moins de volonté contraire et expresse du testateur, à trois degrés de bénéficiaires : 1° ceux qui sont nommés dans le testament ; 2° après eux, ceux qui portaient le nom du défunt au jour de sa mort ; puis, 3° les descendants de ceux-ci au premier degré [4].

Je n'insiste pas sur ce qu'a d'un peu étrange cette classification entre le premier et le second degré surtout. Je ne saurais dire quelle portée pratique elle eut. Justinien, dans la Novelle CLIX, a limité dans tous les cas à quatre générations la durée du fidéicommis, tandis qu'en sens inverse, il sanctionnait plus fortement la prohibition d'aliéner contenue dans les actes de dernière volonté [5].

Les inscriptions funéraires mentionnent, je l'ai déjà dit, des sanctions pénales que nos fidéicommis, étrangers au *jus sepulcri*, ne pouvaient évidemment contenir. Quelques-uns ont conservé la dévolution à une cité en cas d'inobservation

---

(1) Scæv., *Dig.*, XXXII, 93, pr.; Pap., *Dig.*, XXXI, 67, 2 et 4; 77, 10; Marcien, *Dig.*, XXX, 114, 14.

(2) Marcien, *Dig.*, XXX, 114, 15.

(3) Marcel., *Dig.*, XXXV, 2, 54; Pap., *Dig.*, XXXI, 67, pr. 1 à 5; 69, 3; Marcien, *Dig.*, XXX, 114, 15 à 17.

(4) Mod., *Dig.*, XXXI, 32, 6.

(5) Justinien, *C.*, IV, 51, 7. Cpr. Alex., *C.* VI, 26, 3, mais ce dernier texte ne paraît pas se rapporter à la matière des fidéicommis.

des règles instaurées par le testateur ou encore portent que tout ce qui sera fait contre les prescriptions de celui-ci sera absolument nul : ἄχρηστον καὶ ἄκυρον, dit un testament grec rapporté par Scævola [1]. On ne peut dire exactement la portée de telles sanctions : elle a parfois varié. Gaius nous dit que les fidéicommis faits *nomine pœnæ*, jadis permis, ne le sont plus de son temps [2]. Quant à la déclaration de nullité des aliénations consenties, il faut se souvenir que le fidéicommis, avant Justinien, n'a jamais donné naissance à une action réelle, mais qu'appartenant à la *notio prætoris*, le haut fonctionnaire judiciaire pouvait prendre telles décisions qui aboutissaient à des résultats équivalents [3].

J. DECLAREUIL,
*Professeur à la Faculté de droit
de Montpellier.*

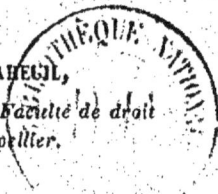

(1) Scæv., *Dig.*, XXXII, 38, 5; XXXI, 88, 15.
(2) Gaius, II, 288.
(3) Voy. ci-dessus, p. 142.

IMPRIMERIE
CONTANT-LAGUERRE

BAR-LE-DUC

www.ingramcontent.com/pod-product-compliance
Lightning Source LLC
Chambersburg PA
CBHW070221200326
41520CB00018B/5726